CÓMO ME HACEN SENTIR LOS CACHORROS

SUSAN PARK

SUSAN PARK

Impreso en los Estados Unidos de América
First Printing, 2022
ISBN:9798376371862

Agradecimientos
Para: Kee, Sophie, Camille, Izzy y, por supuesto, Quincy

Los cachorros nos hacen sentir amados.

Los cachorros me hacen feliz.

Los cachorros me hacen sentir vivo.

Los cachorros nos hacen sentir incluidos.

Los cachorros nos hacen sentir protegidos.

Los cachorros me hacen sentir normal porque él también hace un desastre.

Los cachorros me hacen sentir tonto.

Los cachorros me hacen sentir incluido.

Los cachorros me hacen
sentir responsable.

Los cachorros me hacen sentir aceptado.

Los cachorros me hacen sentir atlético.

Los cachorros me hacen sentir hambre.

Los cachorros me hacen sentir somnoliento.

Puedo perdonar a mi cachorro cuando mastica mi juguete.

Los cachorros me hacen sentir cuidada.

Los cachorros me dan ganas de compartir.

Los cachorros me hacen sentir inteligente.

Los cachorros me hacen sentir paciente mientras aprendo a esperar y reducir la velocidad.

Los cachorros me hacen sentir avergonzado.

Los cachorros me hacen sentir leal.

Los cachorros me hacen sentir especial.

Los cachorros me hacen sentir limpio cuando nos lavamos después de un paseo bajo la lluvia.

Los cachorros me hacen sentir útil porque cuido de mi cachorro.

Los cachorros me hacen sentir triste.

Los cachorros me hacen
sentir desordenado.

Cuando tengo miedo, mi cachorro
me hace compañía.

Los cachorros pueden ser traviesos.

Pero amamos a nuestros cachorros. Al igual que te amo.